LE DROIT POUR TOUS

(PREMIÈRE SÉRIE)

Eugène RIPAULT

LA NATURALISATION EN FRANCE

SON HISTOIRE, SES RÈGLES, SES PRINCIPES

Prix : 1 franc

BORDEAUX

IMPRIMERIE BORDELAISE (J. LAMARQUE, Directeur)

Rue Porte-Dijeaux, 43.

1879

Eugène RIPAULT

LA

NATURALISATION

EN FRANCE

SON HISTOIRE, SES RÈGLES, SES PRINCIPES

Prix : 1 franc

BORDEAUX

IMPRIMERIE BORDELAISE (J. LAMARQUE, Directeur)
Rue Porte-Dijeaux, 43.

1879

AVANT-PROPOS

Cet ouvrage est le premier d'une série qui comprendra les points de droit dont l'application se présente le plus fréquemment. Le but de l'auteur est de familiariser chacun avec les difficultés de notre législation et d'éviter ainsi aux intéressés tous les embarras qui peuvent résulter de l'ignorance des lois qui nous régissent.

Ce n'est point un ouvrage de théorie, c'est un ouvrage de pratique.

Eug. RIPAULT.

LA NATURALISATION

EN FRANCE

I

DÉFINITION DU MOT NATURALISATION

La naturalisation est l'acte par lequel un étranger acquiert la qualité de Français, conformément aux règles qui régissent à cet égard la condition des étrangers en général. C'est là le sens spécial et technique du mot naturalisation. Dans une acception plus large, cette expression comprend les différents modes à l'aide desquels un étranger peut acquérir ou recouvrer la qualité de Français; dans un sens encore plus étendu, enfin, le terme naturalisation désigne tout changement de nationalité.

La législation française ne renferme aucune disposition relative aux effets de la naturalisation soit collective soit individuelle; parmi les législations étrangères, quelques-unes nous présentent à ce sujet des idées bien vagues, des principes bien confus, aucun auteur n'a proposé encore une théorie pleinement satisfaisante sur le point qui nous occupe. De nos jours, un écrivain distingué en même temps qu'un excellent jurisconsulte, M. Fœlix, a publié des remarques, des observations justement et unanimement adoptées.

II

ORIGINES DE LA NATURALISATION

Si l'on recherchait l'origine de la naturalisation, on la trouverait à mon sens dans la loi romaine. Mais, dans ce cas, ce serait plus spécialement la naturalisation dite collective que l'on rencontrerait dans ce que les Romains appelaient le droit de cité. Je crois, en effet, qu'il y a fort peu d'exemples du droit de cité accordé individuellement sous la République et l'Empire romain.

III

CONDITION DES ÉTRANGERS EN FRANCE AVANT 1789
LETTRES DE NATURALITÉ

Quoi qu'il en soit, la position des étrangers en France sous l'ancien régime était loin de leur être favorable. Une incapacité absolue frappait les *aubains,* leur position civile était assimilée à celle d'un esclave sous la législation barbare. Je citerai à l'appui le texte suivant emprunté aux coutumes de Brie et de Champagne (1). *Quand aucuns abbins vient demeurer dans la justice*

---

(1) *Grand Coutumier* (Philippe de Beaumanoir) l. II, chap. 31.

d'aucuns seigneurs et li sires, dessous qu'il vient, ne prend service dedans l'an et jour, si les gens du roi le savent, ils en prennent le service, et est acquis au roi. Les seigneurs avaient le droit de les saisir et de les faire serfs ou main mortables de corps, ainsi que le dit une charte de Philippe-Auguste. Il est évident qu'un pareil état de choses ne pouvait durer ; et avec le temps, des améliorations s'introduisirent dans la condition des étrangers : d'abord, par cela seul qu'un étranger avait fait son aveu au roi, il restait libre, plus tard, le roi seul put être le seigneur des aubains.

Quelques seigneurs contestèrent ce droit à la royauté ; le comte de Champagne, entre autres voulut s'opposer au roi en cette matière, c'est alors que Charles VI rendit une ordonnance (1386) qui appliquait au comte de Champagne le principe que nous énoncions plus haut. Il alla plus loin, en établissant que le roi seul, vu l'incapacité de tester de l'étranger, aurait droit à cette succession.

Toutefois l'étranger, pouvait, par certaines formalités, et en en faisant la demande, devenir Français ou tout au moins jouir de quelques-unes des prérogatives attachées à la qualité de Français. Ces avantages lui étaient conférés par le roi au moyen de ce qu'on appelait des *Lettres de naturalité*. Ces lettres patentes du roi étaient délivrées en grande chancellerie.

Mais l'étranger, une fois en possession de ces lettres était-il pleinement Français ? Pouvait-il aspirer à des fonctions publiques ? Il y a ici une distinction à faire. Il y avait en effet deux sortes de lettres patentes : celles qui conféraient la naturalisation ordinaire et celles qui donnaient la grande naturalisation. Ces dernières seules, donnaient aux naturalisés le droit d'arriver aux fonctions politiques et administratives.

L'obtention des lettres de naturalité n'était subordonnée à aucune condition préalable ; mais elles ne devenaient efficaces qu'à charge par l'impétrant de se fixer dans le royaume; cette condition, du reste, avait été définitivement fixée par une déclaration du mois de février 1720. Les lettres de naturalité devaient être vérifiées en la chambre des comptes dans le ressort de laquelle le postulant se proposait d'établir son domicile.

Il y avait encore d'autres formalités à remplir; une déclaration du 17 septembre 1582 exigeait également l'enregistrement des lettres de naturalité en la chambre du Trésor; de plus, un édit du mois de décembre 1703 prescrivait encore l'insinuation aux greffes établis par cet édit; l'usage était, en outre, de les faire réviser en la cour du Parlement; il paraît seulement que l'enregistrement en la chambre des comptes était la seule formalité obligatoire pour leur efficacité. Loysel et Pothier, du moins, posent ce principe comme seul appliqué à l'époque où ils écrivaient leurs ouvrages.

Nous arrivons ainsi au règne de Louis XVI, à la crise révolutionnaire. Au moment où nous arrivons, la condition des aubains s'est améliorée; cependant ils sont toujours privés non-seulement des droits politiques, mais encore des droits civils proprement dits; incapables soit d'acquérir un fief de dignité, soit un bénéfice, et de jouir du bénéfice de la cession de biens, ils ne peuvent *ester* en justice comme demandeurs qu'à la charge de donner caution. (Cette règle avait été définitivement consacrée par un arrêt du 4 janvier 1562.) Assimilés aux serfs pour la capacité testamentaire, ils n'ont même point d'héritiers *ab intestat*, à l'exception de leurs enfants nés dans le royaume et de leurs parents *regnicoles;* ceux-ci ont même la préférence sur les parents naturalisés, quoique plus proches en degré, par la raison que *le roy n'accorde aucunes lettres de naturalisation que sauf le droit d'autruy* (Minier, *Histoire du Droit*).

Une dernière tentative d'amélioration fut faite par Louis XVI. Par de nombreux traités, le droit d'aubaine vis-à-vis des puissances alliées fut aboli, sous la réserve d'une fraction de biens au profit du fisc, un dixième ordinairement : c'est ce qu'on appelle le droit de *détraction*.

IV

LA NATURALISATION DANS LE DROIT INTERMÉDIAIRE

Nous en arrivons à cette période tourmentée qui s'étend de 1789 à la rédaction du Code civil ; les projets de codes affluent et sont repoussés ; on n'en garde que certaines parties que l'on réunit tant bien que mal, sans se préoccuper des contradictions qu'elles présentent. La naturalisation éprouve autant de modifications dans ses modes, dans ses règles, dans ses principes, qu'il se succède de Constitutions ; c'est un état, ce sont des règles aussitôt renversées qu'établies, aussitôt abandonnées que mises en pratique. Dans ces temps où les ardents énergumènes de la Révolution prêchent la fraternité des peuples, l'union des nations, tandis qu'à ce moment même nos armées volent à la conquête du monde, renversant tout sur leur passage, ébranlant les trônes et faisant trembler les rois, les lois relatives à la naturalisation ne pouvaient manquer d'être marquées au coin de ces doctrines assurément fort belles en théorie, mais absolument impraticables. Ils croyaient, ces ardents sectateurs de la fraternité que le nom de Rousseau suffirait pour faire tomber toutes les barrières, et pour concilier des intérêts aussi opposés que ceux des divers pays, je devrais dire des divers souverains de l'Europe ; leur erreur fut vite mise au jour. S'appuyant sur des idées aussi dangereuses, on décide qu'à l'avenir la nationalité française, avec tous ses droits et avantages s'acquerra par le con-

*

cours de certaines circonstances et conditions, dont la réalisation et l'accomplissement opèreront la naturalisation indépendamment de toute déclaration, soit du pouvoir exécutif, soit du pouvoir législatif. La première loi rendue dans ce sens fut celle des 30 avril, 2 mai 1790. Aux termes de cette loi, tout étranger établi en France était Français après cinq années de domicile continu dans le royaume; il fallait de plus qu'il y eût acquis des immeubles ou formé un établissement de commerce, ou bien encore qu'il eût épousé une française, ou reçu dans quelque ville des lettres de bourgeoisie.

Une loi postérieure, celle des 3-14 septembre 1791 vient ajouter encore à la facilité de la naturalisation. Elle assimile un établissement d'agriculture à un établissement de commerce. Voici deux des passages les plus importants de cette Constitution :

« Ceux qui nés hors du royaume de parents étrangers, » résident en France, deviennent citoyens français après » cinq ans de domicile continu dans le royaume, s'ils y » ont en outre acquis des immeubles, ou épousé une fran- » çaise, ou formé un étab'issement d'agriculture ou de » commerce, et s'ils ont prêté le serment civique.

» Le pouvoir législatif pourra, pour des considérations » importantes donner à un étranger acte de naturalisa- » tion sans autre condition que de fixer son domicile en » France et d'y prêter le serment civique. »

Comme on le voit, la Constitution de 1791 n'admet pas comme condition suffisante les lettres de bourgeoisie. M. Fœlix, s'appuyant là dessus, prétend que la loi de 1790 dont nous parlions tout à l'heure, n'avait été faite exclusivement qu'en vue des étrangers établis en France avant sa promulgation et ne pouvait être invoquée par ceux qui seraient venus s'y fixer postérieurement. D'autres auteurs, au contraire, pensent, et c'est, je crois, avec raison, qu'une loi quoique conçue au présent n'en régit pas moins l'avenir lorsque le législateur n'a pas formellement déclaré le contraire. Or, ici le législateur n'indique nullement en vue de qui est spécialement faite cette loi; cette opinion ne doit donc pas selon moi prévaloir.

On n'en avait pas fini avec ces dangereux perfectionnements; et la loi, la Constitution de 1793 se montre plus favorable encore pour les étrangers que ses devancières. Elle réduit à une année la durée du stage, et multiplie le nombre des circonstances auxquelles est attachée la qualité de Français.

Il n'est pas besoin de longs commentaires pour montrer combien devaient être déplorables les effets de ces Constitutions. L'étranger peut surprendre facilement nos secrets; que lui importe son parjure; qui veut la fin veut les moyens. Désormais il peut entrer dans nos écoles, y puiser de précieux renseignements, profiter des connaissances qu'on y enseigne; il peut visiter nos arsenaux, nos magasins, il peut lever les plans de nos places fortes; il peut connaître exactement nos forces, noter nos faiblesses, et de retour dans son pays, donner tous ces renseignements à son gouvernement, pour se rire ensuite de nos fautes, et ridiculiser notre bonne foi et notre grandeur d'âme déplacées.

Il était temps de mettre un terme à ces nobles folies; et la Constitution du 5 fructidor de l'an III vient rendre plus difficile l'obtention de la nationalité française. La durée du stage exigée est élevée de cinq à sept années consécutives; ce stage ne commence, en outre, à courir que du jour où, après avoir atteint l'âge de vingt et un ans, l'étranger joint à la constatation de sa résidence effective en France, la déclaration de vouloir s'y fixer. Il fallait en outre qu'il possédât une propriété foncière et qu'il remplît les mêmes conditions que celles édictées dans les Constitutions précédentes.

Toutefois, le paiement de la contribution directe n'était pas exigé pour ceux des naturalisés qui voulaient s'en tenir au titre de Français avec la seule jouissance et le seul exercice des droits civils ; elle n'était requise que pour parvenir au titre de citoyen et à l'exercice des droits politiques.

Enfin, un dernier pas est fait dans cette voie de réformes urgentes ; la constitution du 22 frimaire de l'an VIII, n'exige plus aucune condition d'établissement communal ou autre ; mais elle élève de sept à dix ans la durée du stage ; qui doit être continu. Ces dix années commencent à courir du jour où l'étranger atteint sa vingt et unième année, et remet une déclaration de fixer son domicile en France.

Si cherchant à résumer les principes que nous venons d'exposer, nous nous étudions à les généraliser et à les présenter à grands traits nous trouvons deux règles générales :

1° La résidence en France d'un étranger, quelque longue qu'en ait été la durée, quelque favorables qu'aient été les circonstances de son avènement, n'a jamais été suffisante pour opérer la naturalisation en l'absence de certaines conditions légales auxquelles elle était subordonnée ;

2° Mais, d'un autre côté, le concours des conditions exigées pour la naturalisation a toujours suffi pour l'opérer *ipso facto*, indépendamment de toute intervention du pouvoir exécutif, indépendamment aussi de toute manifestation de volonté de la part de l'étranger.

Il en était ainsi non-seulement sous l'empire des constitutions de 1791 et 1793 qui n'exigeaient de l'étranger aucune déclaration quelconque, mais aussi sous celui des constitutions de l'an III et de l'an VIII, en ce sens du moins que, bien que l'étranger se trouvât d'après ces dernières constitutions soumis à la nécessité d'une déclaration préalable au stage de domicile, il n'en avait cependant pas une seconde à faire après l'écoulement du temps fixé pour ce stage au bout duquel la naturalisation s'opérait de plein droit.

V

LA NATURALISATION SOUS L'EMPIRE DU CODE CIVIL
SES MODIFICATIONS JUSQU'A NOS JOURS

Il nous reste à voir, en ce qui concerne les diverses règles concernant la naturalisation, les nombreuses lois, décrets, ou sénatus-consulte qui ont traité cette matière. Le Code civil est resté muet sur ce point, ses rédacteurs ont jugé dignes d'être conservés les règlements établis par la constitution de l'an VIII. Toutefois, ces règlements furent modifiés; une première fois les 18 et 20 prairial an XI, nous trouvons un avis législatif du Conseil d'Etat rendu par interprétation de l'article 13 du Code civil.

D'après cet avis, l'étranger qui veut fixer son domicile en France, et qui veut s'y faire naturaliser, doit obtenir du gouvernement l'autorisation d'y résider, et ce n'est qu'à partir du jour où cette autorisation lui est accordée que court le délai du stage.

Nous rencontrons ensuite, le 17 mars 1809, un décret qui statue que, lorsque l'étranger aura rempli les conditions exigées pour la naturalisation, elle sera prononcée par le chef du gouvernement, de telle sorte qu'elle ne s'opèrera plus de plein droit, en vertu de l'accomplissement de ces conditions, et qu'elle se trouvera subordonnée à l'obtention des lettres de naturalisation. Toutefois, les dispositions de ce décret ne s'appliquent pas à l'étranger qui, lors de sa publication avait déjà été naturalisé *ipso facto* par l'accomplissement de toutes les conditions qu'exigeait la législation antérieure. Cela devait être, en effet, et les rédacteurs du décret de 1809 ne pouvaient contrevenir à la règle de non-rétroactivité établie par l'article 2 du Code civil. De même aussi, les dispositions de l'avis du Conseil d'État des 18-20 prairial an XI ne s'étendirent pas à l'étranger qui, antérieurement à la promulgation de l'article 13 du Code civil, avait déclaré son intention de se fixer en France et s'y était effectivement établi.

Ainsi l'étranger qui se trouvait dans la situation indiquée au texte, a non-seulement conservé le droit de compter comme utiles à son stage, les années de résidence antérieures à la promulgation de l'article 13 du Code civil, mais il n'a pas même eu besoin de se pourvoir de l'autorisation du gouvernement pour invoquer dans le même but les années postérieures à cette promulgation.

Toutefois, pour faciliter dans certains cas la naturalisation, le Sénat rendit deux sénatus-consulte, l'un du 21 vendémiaire an XI, et l'autre du 19 février 1808 qui donnèrent au gouvernement le droit de réduire à une année le stage de domicile exigé pour la naturalisation en faveur de l'étranger qui aurait rendu à l'État des services importants, qui aurait apporté en France des talents, des inventions, une industrie utile, ou qui aurait formé de grands établissements. C'est là une des mesures les plus nobles qui aient été prises relativement à la naturalisation.

Disons, en passant, que d'après le sénatus-consulte de vendémiaire la faculté donnée au chef de l'État ne lui avait été concédée que pour cinq années, mais de temporaire qu'elle était, cette faculté fut rendue perpétuelle par le second de ces sénatus-consulte, celui du 19 février 1808.

Les étrangers ainsi naturalisés, il faut le dire, n'avaient point accès aux fonctions politiques ou administratives; ce ne fut qu'à la chute de l'Empire, et à l'époque de la Restauration qu'on s'occupa de l'obtention des droits d'éligibilité, par les étrangers, et une ordonnance du

4 juin 1814 créa les lettres de grande naturalisation, qui conféraient au titulaire le droit d'être appelé à siéger dans les deux Chambres des pairs et des députés.

Aucune modification ne se fait sur cette matière jusqu'à l'année 1848 ; le 28 mars de cette année, le gouvernement rendit un décret qui autorisait, provisoirement toutefois, le ministère de la justice à accorder la naturalisation aux étrangers dignes de cette faveur qui justifieraient par acte officiel ou authentique de leur résidence en France depuis cinq années au moins.

Ce décret eut virtuellement pour résultat d'abréger de moitié la durée précédemment assignée au stage de résidence, et d'en rendre le cours indépendant non-seulement de l'autorisation préalable requise par l'article 13 du Code civil et l'avis du Conseil d'État des 18 et 20 prairial an XI, mais même de la déclaration exigée par l'article 3 de la Constitution du 22 frimaire de l'an VIII.

L'année suivante, les 13-21 novembre et le 3 décembre 1849, l'Assemblée nationale rendit une loi modifiant dans quelques-unes de ses dispositions la loi de 1848. D'après cette loi, pour être naturalisé il fallait :

1° Avoir l'âge de vingt et un ans accomplis, et avoir obtenu l'autorisation d'établir son domicile en France, conformément à l'article 13 du Code civil. La naturalisation étant en réalité un contrat intervenu entre l'étranger et la France, il fallait que cet étranger eut atteint l'âge fixé par la loi française pour contracter. Tant que la naturalisation n'avait pas été prononcée, cette autorisation de résidence était susceptible de révocation. Le stage ne commençait à courir que du jour où l'étranger avait obtenu cette autorisation ;

2° Il fallait, en second lieu, avoir accompli en France un stage de domicile, stage effectif, de dix années. Ce stage de dix années pouvait être réduit à une année en faveur des étrangers qui auraient rendu à la France des services importants ou qui auraient apporté en France soit une industrie, soit des inventions utiles, soit des talents distingués, ou qui y auraient formé de grands établissements. L'étranger ainsi naturalisé ne jouissait du droit d'éligibilité à l'Assemblée nationale qu'en vertu d'une loi.

Pour l'étranger, toutefois, qui dès avant la promulgation de la loi nouvelle aurait fait, conformément à l'article 3 de la Constitution du 22 frimaire de l'an VIII, la déclaration de vouloir se fixer en France, le stage court du jour de cette déclaration.

La disposition de cet article transitoire paraît avoir eu pour objet de soustraire la loi nouvelle à tout reproche de rétroactivité.

« A ce point de vue qui, du reste, ne nous paraît pas
» exact, disent MM. Aubry et Rau, à raison du caractère
» provisoire du décret du 28 mars 1848, on aurait dû
» aller encore plus loin et faire courir le stage du jour
» où l'étranger se serait fixé en France. »

Ces formalités accomplies, le stage terminé, il fallait de plus, la naturalisation n'étant pas un droit, que l'étranger demandât et obtint cette naturalisation qui lui était accordée par le chef de l'État, lequel ne statuait qu'après une enquête faite sur la moralité de l'étranger; c'est ce que décidait l'article 1er de la loi qui nous occupe.

Le décret du Président de la République accordant la naturalisation était rendu sur le rapport du ministre de la justice et après avis du Conseil d'État. Le Président de la République toutefois, pouvait refuser la naturalisation, malgré l'avis favorable du Conseil d'État, mais il ne pouvait l'accorder si le Conseil d'État ne l'approuvait pas.

Nous verrons dans un instant, en étudiant la loi de 1867 quelles modifications furent apportées à ce sujet.

Nous sommes arrivés à la dernière loi générale sur la naturalisation. Elle est des 29 juin, 5 juillet 1867. Cette loi modifie profondément les articles 1 et 3 de la loi de 1849. Le stage de dix années fort long et rebutant par sa longueur même fut réduit à trois années, commençant à courir non pas, comme sous les lois précédentes, du moment où l'autorisation de fixer son domicile en France aurait été accordée à l'étranger, mais dès l'instant où la demande était enregistrée au ministère de la justice. Cette disposition avait été rendue à un point de vue très pratique : la lenteur des bureaux est proverbiale; il fallait des mois entiers avant que la demande eût passé par la filière administrative, et il arrivait souvent que l'étranger, dégoûté de ces lenteurs, abandonnait ses projets de naturalisation. Cette disposition a donc sa raison d'être, et on ne peut que se féliciter des résultats obtenus.

Ce stage de trois années pouvait être réduit à une année, non-seulement pour les causes indiquées dans la loi de 1849, mais encore en faveur des étrangers qui auraient fondé en France de grandes exploitations agricoles. De plus, le séjour en pays étranger pour l'exercice de fonctions conférées par le gouvernement Français était assimilé au séjour en France. Cette disposition de la loi avait trait aux agents consulaires et les visait plus particulièrement.

Sous l'empire de la Constitution de 1852, l'Empereur rendait le décret de naturalisation sur l'avis du Conseil d'État; mais ce corps n'avait qu'une voix purement consultative et ne liait en rien le chef de l'État, qui pouvait, à son gré, accorder à un étranger des lettres de naturalisation, quel que fut d'ailleurs l'avis du Conseil d'État. C'est là une des modifications importantes apportées à la loi de 1849.

Cette loi de 1867 nous régit encore aujourd'hui dans toutes ses dispositions, et le Président de la République, comme l'Empereur, jouit à cet égard d'un pouvoir discrétionnaire.

A côté de ces lois qui toutes présentent un caractère général et concernent tous les étrangers quelle que soit leur nationalité, il convient de placer trois lois ou décrets rendus pour des cas particuliers.

C'est d'abord le décret impérial des 30 juin, 12 juillet 1860, qui portait que la qualité de Français pourrait être réclamée par les sujets sardes majeurs et dont le domicile serait établi en Savoie et dans l'arrondissement de Nice, et par lesdits sujets sardes encore mineurs nés dans lesdits pays. Il convient de remarquer ici que le législateur ne nous parle pas de l'âge de vingt et un ans, mais de la majorité. Il est bien évident qu'il n'a point voulu parler ici de l'époque de la majorité fixée par la loi française, mais de celle fixée par la loi sarde.

Pour les individus dont s'agit, la naturalisation était accordée sans beaucoup de formalités ; les sujets sardes, devaient, dans l'année qui commençait à courir à la promulgation de cette loi, adresser aux préfets une demande de naturalisation ; cette demande était, après information, transmise au ministère de la justice, et sur son rapport, la naturalisation était, s'il y avait lieu, conférée sans formalité ni paiement de droits.

Nous trouvons, en second lieu, à la date du 14 juillet 1865, un sénatus-consulte concernant l'état des personnes et la naturalisation en Algérie. Si nous en extrayons les principales dispositions qui sont contenues aux articles 3 et 4 de ce sénatus-consulte, nous voyons que l'étranger qui justifie de trois années de résidence en Algérie peut être admis à jouir de tous les droits de citoyen français, et que, de plus, cette qualité de citoyen français ne peut être obtenue qu'à l'âge de vint et un ans accomplis. Les autres articles ont trait bien plus à des questions de compétence des lois françaises et d'administration qu'à la naturalisation proprement dite, je ne crois pas nécessaire de les rapporter ici.

En troisième et dernier lieu, se présente à nous le décret-loi du 26 octobre 1870. Lors de la guerre contre la Prusse, un certain nombre, un très grand nombre même d'étrangers qui avaient trouvé dans la France une seconde patrie, mus par un sentiment de gratitude et de reconnaissance pour le pays qui les avait accueillis, se levèrent en masse et vinrent offrir leurs services à la France. Ils ne pouvaient assurément, donner une meilleure preuve de leurs sympathies pour notre pays; le gouvernement de la Défense nationale crut devoir, en leur faveur lancer le décret dont nous allons indiquer les dispositions.

Pour ces étrangers le stage n'est pas nécessaire, l'admission à domicile précédée de l'enquête, est seule indispensable; les demandes d'admission à domicile ou de naturalisation sont dispensées de tous frais et devront être faites dans les deux mois qui suivront la fin de la guerre.

L'Assemblée nationale, en rendant ce décret avait fait son devoir, elle ne pouvait mieux témoigner sa reconnaissance à ces Français des mauvais jours, à ces étrangers qui ne furent pas les plus ingrats des Français envers leur patrie d'adoption.

Nous avons vu dans cet exposé ce que fut, ce qu'est la naturalisation en France; cette matière assurément susceptible de grands projets, n'a commencé en réalité à être sérieusement étudiée que depuis 1789; il a fallu des siècles pour en arriver à ces idées si justes, qui sont le fondement de cette institution. Mais ce n'est pas tout, après avoir étudié la théorie, après avoir considéré ses bons et ses mauvais côtés, nous devons, avant de terminer, jeter un coup d'œil sur les effets de la naturalisation et sur les diverses questions soulevées par cet examen.

VI

EFFETS DE LA NATURALISATION

Et tout d'abord, il faut dire que la naturalisation n'a d'effet que pour l'avenir; elle n'est nullement rétroactive, et ses effets ne commencent à se faire sentir qu'à dater de la naturalisation acquise. L'article 20 le déclare ainsi pour ceux-la même qui recouvrent la qualité de Français, précédemment perdue; de telle sorte que, si la loi déclarait les étrangers incapables de succéder, et qu'une succession fut échue à un ex-Français avant qu'il eût recouvré sa qualité de Français, il n'en pourrait bénéficier en redevenant Français. La loi n'a pas voulu, elle n'a pu vouloir que la rétroactivé de la naturalisation, en renversant des droits acquis, portât le trouble dans les familles et dans l'État.

Toutefois, n'y a-t-il pas une différence à faire à cet égard, entre les lettres de naturalisation et les lettres de naturalité? Celles-ci ne se bornent-elles pas à reconnaître, à déclarer la qualité de Français, antérieurement préexistante?

Cette distinction résultait en effet de la loi du 14 octobre 1814, relative à la naturalisation des habitants des départements réunis à la France depuis 1791; mais depuis l'abrogation de cette loi, je ne crois pas, m'appuyant sur les travaux de M. Demolombe et autres auteurs, je ne crois pas, dis-je, que cette distinction doive encore être faite, et les lettres de reliefs ne restituent que pour l'avenir, la qualité de Français à celui qui l'avait perdue.

Par la naturalisation, l'étranger devient Français, apte

à jouir non-seulement des droits civils, mais aussi des droits politiques ; il devient citoyen en même temps que Français. Je crois qu'il n'y a plus lieu, aujourd'hui, de maintenir la distinction qui résultait de l'ordonnance du 4 juin 1814, entre la naturalisation simple et la grande naturalisation, en conséquence, une loi n'est plus nécessaire pour autoriser l'étranger naturalisé à siéger au Sénat ou à la Chambre des députés. M. Demolombe cite à l'appui de cette opinion le prince Poniatowski, naturalisé par décret impérial du 11 octobre 1854, et élevé à la dignité de sénateur par un autre décret du 4 décembre suivant.

La question qui sera la dernière, que nous allons étudier a été vivement controversée. Il s'agit de savoir, si les effets de la naturalisation sont exclusivement personnels, à l'étranger lui-même qui l'a obtenue, et si un étranger marié et père d'enfants mineurs, qui se fait naturaliser en France, voit la qualité de Français s'étendre à sa femme et à ses enfants?

Dès l'abord je réponds non, et je vais essayer de défendre cette opinion. Avant d'aller plus loin, il est une question qui se rattache à la seconde et qui me paraît être gouvernée par les mêmes principes : un Français se fait naturaliser à l'étranger, sa femme et ses enfants deviennent-ils étrangers ? MM. Demolombe et Richelot font également marcher de front ces deux questions ; bien que ce dernier regrette de ne pouvoir pas distinguer entre le cas où l'étranger devient Français, pour naturaliser avec lui toute sa famille, et le cas, au contraire, où le Français devient étranger pour conserver alors à sa femme et à ses enfants leur nationalité française.

J'examinerai d'abord la question au point de vue de la femme.

Plusieurs jurisconsultes, et parmi eux M. Varambon (*Revue pratique de Droit Français*, 1859, t. VIII), enseignent que la femme doit, dans tous les cas suivre la condition de son mari. Je crois cette idée absolument fausse, il n'est aucun texte, en effet, qui prescrive à la femme de changer de nationalité en même temps que son mari et pour cela seul que son mari en change. Que disent en effet les articles qu'invoquent les partisans de cette thèse :

« Art. 12. — L'étrangère qui aura épousé un Français, » suivra la condition de son mari.

» Art. 19. — La Française qui épousera un étranger » suivra la condition de son mari. »

Ce n'est donc qu'au moment du mariage que la femme suit la condition de son mari, et les changements de nationalité du mari ne peuvent influer en rien sur la nationalité de l'épouse. L'article 19, dans son deuxième paragraphe me fournit un autre argument. Ce paragraphe nous dit : *Si elle devient veuve,* elle recouvrera la qualité de Française, pourvu, etc. Donc, alors même que son mari, durant le mariage, aurait acquis la qualité de Français, elle n'en eut point bénéficié par ce fait, et elle ne fut redenue Française *ipso facto* qu'à la dissolution, *mortis causa,* de son mariage.

Aussi, a-t-il été reconnu dans le Conseil d'État, que l'article 214 du Code civil imposait bien à la femme le devoir de suivre son mari partout, même en pays étranger, mais qu'elle conservait néanmoins sa qualité de Française.

On pourrait, contre ma doctrine, témoigner de certains arrêts (Cass., 14 avril 1818; — Metz, 25 août 1825; — Paris, 24 août 1844), mais ils ont été rendus en application de la loi du 14 octobre 1814, relative au démembrement des anciennes provinces réunies à la France, depuis 1791. Au reste, même dans cette spécialité, ces décisions sont encore contestables.

Pour ce qui a trait aux enfants mineurs, je poserai les mêmes principes. La nationalité est une chose personnelle, une partie essentielle de l'état des enfants, nulle puissance n'est assez forte pour la leur enlever; eux seuls peuvent l'abdiquer, par une manifestation libre de leur volonté, et cela à leur majorité.

Il faut convenir cependant que cette théorie, cette solution, devrais-je dire, introduit souvent dans les familles des incapacités choquantes, si on suppose qu'il existe des prohibitions de succéder et de transmettre entre les habitants de deux pays différents, auxquels appartiennent d'une part les enfants, et de l'autre le père, la mère et les enfants conçus depuis la naturalisation. M. Demolombe, entre autres, voudrait que dans certains cas, l'enfant mineur suivit la condition du parent qui exerce sur lui la puissance paternelle; c'est le cas notamment de l'article 19, où la femme française, mariée à un étranger et devenue veuve, rentre en France avec des enfants mineurs, puisque alors la mère et toute la famille maternelle de ces enfants est française. Telle est aussi l'opinion de M. Duvergier qui professe que dans ce cas les enfants deviennent Français.

A cela, il est vrai, on pourrait objecter que toute la famille paternelle de l'enfant est étrangère. Il y a là matière à controverses interminables. Je crois donc que le plus sûr est de s'en tenir aux véritables principes qui ne permettent pas aux pères et aux mères de changer ni de modifier l'état de leurs enfants.

Ces principes sanctionnés par de nombreux arrêts, ont été virtuellement consacrés par la loi du 7 février 1851 dont l'article 2 admet les enfants mineurs de l'étranger naturalisé à réclamer, après leur majorité la qualité de Français, par application de l'article 9 du Code civil.

Imprimerie Bordelaise J. Lamarque, rue Porte-Dijeaux, 43.

www.ingramcontent.com/pod-product-compliance
Lightning Source LLC
Chambersburg PA
CBHW070524050426
42451CB00013B/2845